Impressum
Verlag: BABADADA GmbH, Nedderfeld 112 , 22529 Hamburg
Geschäftsführer / Verlagsleitung: Harald Hof
Druck: Books on Demand GmbH, In de Tarpen 42, 22848 Norderstedt

Imprint
Publisher: BABADADA GmbH, Nedderfeld 112 , 22529 Hamburg, Germany
Managing Director / Publishing direction: Harald Hof
Print: Books on Demand GmbH, In de Tarpen 42, 22848 Norderstedt

בית ספר

ښوونځی

כיתה
ټولګی
تقسیم
186/2
לוח
د ښوونځي حویلۍ
מורה
ښوونکی
נייר
ورق
כתב
لیکل
עט
قلم
שולחן עבודה
ډیسک
סרגל
خط کش
ספר
کتاب
תלמיד
زده کونکی

ילקוט

کڅوړه

קלמר

د پنسل بکسه

עיפרון

پنسل

מחדד

پنسل تراش

גומי מחיקה

ربړ

חוברת סרטוט

د رسامۍ پاڼه

קופסת צבעים

د نقاشی بکس

מברשת

د نقاشی برس

סרטוט

رسامي

ספר תרגול

د تمرین کتاب

דבק

سریښ

מספריים

قیچي

חיבר

جمع

מספר

شمیر

שיעור בית

کورنی دنده

חישב

حساب

הכפיל

ضرب

חיסר

منفي

hello

מילה

کلمه

ABCDEFG
HIJKLMN
OPQRSTU
VWXYZ

אלפבית

الفبا

A

אות

توری

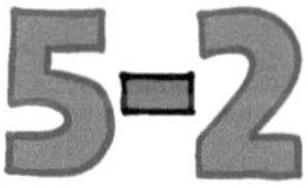

גיר

تباشیر

קרא

لوستل

טקסט

متن

מבחן

ازموینه

יומן נוכחות

راجستر

שיעור

درس

חינוך

تعلیم

תלבושת בית ספר

د ښوونځي یونیفارم

תעודה

تصدیق پاڼه

מיקרוסקופ

مایکروسکوپ

אוניברסיטה

پوهنتون

אנציקלופדיה

دایره المعارف

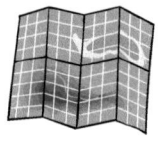

סל נייר

اشغالدانی

מפה

نقشه

מלון
הוסטל
ليليه
המרת מטבע
د اسعارو د تبادلې دفتر
מזוודה
بکس
אוטו
موټر

שפה

ژبه

כן / לא

هو/نه

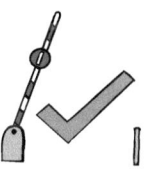

בסדר

سمه ده

שלום

سلام

מתרגם

ژباړونکی

תודה

مننه

בעיה

ستونزه

אני לא מבין

زه نه پوهېږم

כמה עולה.....?

ځومره دي...؟

לילה טוב!

شپه په خير!

בוקר טוב!

سهار په خير!

ערב טוב!

ماښام مو پخير!

כבודה

سامان

כיוון

لارښود

להתראות

په مخه مو ښه

אורח

میلمه

תרמיל גב

شاتنی بکس

תיק

بیګ

אוהל

خیمه

שק שינה

د خوب کڅوړه

חדר

خونه

כרטיס אשראי

....

کریډیټ کارت

חוף ים

....

ساحل

מרכז מידע לתיירים

....

د توریزم معلومات

ארוחת ערב

....

د شپي خواړه

ארוחת צהריים

....

د غرمي خواړه

ארוחת בוקר

....

ناری

בול

....

مهر

מעלית

....

لفټ

כרטיס

....

ټیکټ

שגרירות

....

سفارت

מכס

....

ګمرک

גבול

....

پوله

דרכון

....

پاسپورټ

אשרה

....

ویزه

תחבורה

ټرانسپورټ

מטוס
الوتکه
אונייה
כבאית
د اور ماشین
משאית
ټرک
אוטובוס
بس
סירת מנוע
موټرکښتۍ
אופניים
بایک
אוטו
موټر

אופנוע

موټرسایکل

סירה

کښتۍ

מעבורת

کښتۍ

רכב שכור

کرایي موټر

מכונית מרוץ

د ریس موټر

ניידת משטרה

د پولیسو موټر

משאית זבל

....

ريفيوز ټرک

אוטו גרר

....

جرثقيل لرونکی ټرک

מכוניות בשיתוף

....

د کرايه موټري

תחנת דלק

....

پټرول سټيشن

דלק

....

سونګ توکي

מנוע

....

موټر

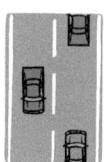

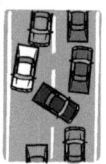

פקק תנועה

....

جام ترافيک

תנועה

....

ترافيک

תמרור

....

ترافيکي نښه

פסי רכבת

....

پاټکي

תחנת רכבת

....

د ريل سټيشن

חניה

....

د موټرو تمځای

קרון

....

واګون

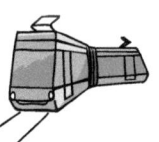

רכבת קלה

....

ټرام

רכבת

....

ريل

מגדל

برج

שדה-תעופה

هوايي ډګر

מסוק

چورلکه

קרטון

کارتون

קונטיינר

کانټينر

נוסע

مسافر

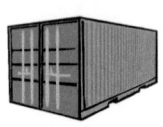

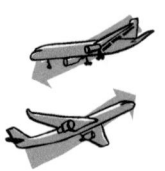

המראה / נחיתה

الوتنه کول/کښېناستل

סל

ټوکرۍ

עגלה

کارت

עיר

ښار

בית

کور

מרכז העיר

د ښار مرکز

כפר

کلی

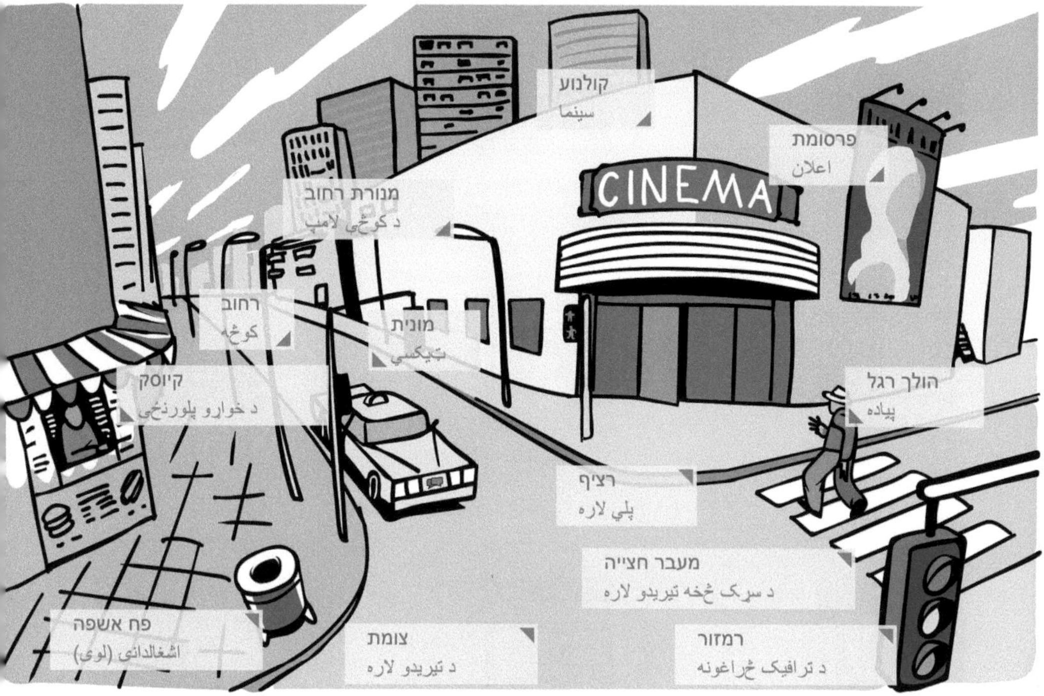

קולנוע
سينما
CINEMA
פרסומת
اعلان
מנורת רחוב
د کوڅې لامپ
רחוב
کوڅه
מונית
ټيکسي
קיוסק
د خوارو پلورنځی
הולך רגל
پياده
پلي لاره
מעבר חצייה
د سړک څخه تیریدو لاره
פח אשפה
اشغالدانی (لوی)
צומת
د تیریدو لاره
רמזור
د ترافیک څراغونه

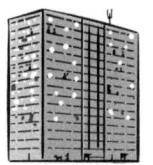

תחנת רכבת

د ریل سټېشن

דירה

اپارتمان

בקתה

کوډله

בית ספר

ښوونځی

מוזיאון

میوزیم

עירייה

ټاون هال

בית חולים

روغتون

בנק

بانک

אוניברסיטה

پوهنتون

משרד

دفتر

בית מרקחת

درملتون

מלון

هوټل

חנות פרחים

د ګلانو پلورنځی

חנות

پلورنځی

חנות ספרים

کتاب پلورنځی

כל-בו

د ډیپارټمنټ سټور

שוק

مارکیټ

סופרמרקט

لوی پلورنځی

נמל

لنګرتون

קניון

د پلور مرکز

מוכר דגים

کب پلورنځی

גשר

پل

ספסל

بينچ

פארק

پارک

מנהרה

تونل

רכבת תחתית

د ځمکي لاندي

מדרגות

زينه

מסעדה

ريسټورانټ

בר

بار

תחנת אוטובוס

بس تمځای

מדחן

د پارک کولو میټر

שלט רחוב

د کوڅې نښه

תא דואר

پوست بکس

מסגד

مسجد

בריכת שחיה

د لامبو حوض

גן חיות

ژوبڼ

בית עלמין

هديره

זיהום

ناپاکي

חווה

کرونده

בית מקדש

معبد/کلیسا

מגרש משחקים

د لوبو ډګر

כנסייה

چرچ

נוף

منظره

עלה
پاڼه
תמרור
د لارښووني نښه
דרך
لاره
מרעה
چمن
אבן
کاڼی
עץ
ونه
מטייל
هیکر
נהר
سیند
דשא
واښه
פרח
ګل

אגם

....

ناور

הר

....

غوندی

בקעה

....

دره

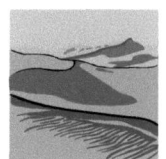

הר געש

....

اورشیندی

מדבר

....

دشته

יער

....

ځنګـل

פטריה

....

مرخيړي

קשת בענן

....

رنګـين كمان

טירה

....

کلا

זבוב

....

الوتل

יתוש

....

ماشي

דקל

....

پلم ونه

עכביש

....

غونډل/جولا

דבורה

....

مچۍ

נמלה

....

میږی

סנאי

نولی

צפרדע

چونگشه

חיפושית

گونکت

ינשוף

گونگ

ארנב

سوی

קיפוד

زیرکی

חזיר בר

نرخوگ

ברבור

قازه

ציפור

مرغی

סכר

بند

אייל הקורא

گاوزه

צבי

هوسی

אקלים

اقليم

פנל סולארי

سولر تختي

טורבינת רוח

بادي توربين

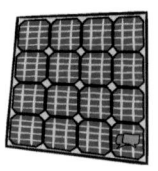

מסעדה

ریسټورانټ

מלצר
پیشخدمت
תפריט
مینو
כסא
מרק
سوپ
פיצה
پیزا
סכו"ם
بڼاخۍ، چاقو، کاشوغه
מפת שולחן

מנת פתיחה

سټارټر

מנה עיקרית

اصلي خواړه

קינוח

شیرني

שתיות

څښاک

אוכל

خواړه

בקבוק

بوتل

קנקן תה

چای جوش

אוכל רחוב

د کوڅې خواړه

מזון מהיר

فاسټ فوډ

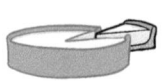

מכונת אספרסו

اسپرسو مشین

מנה

برخه

מסכרת

قندانی

מגש

مجمه

חשבון

رسید

כסא תינוק

لوړه چوکی

כף

قاشق

מזלג

پنجه

סכין

چاکو

כוס

ګلاس

מפית

سورویت

כפית

چای قاشق

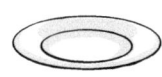

תחתית

....

نالبکۍ

קערת מרק

....

د سوپ پلیټ

צלחת

....

پلیټ

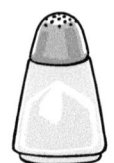

מטחנת פלפל

....

د مرچ ټکولو لوخی

מלחייה

....

مالګه شیندونکی

רוטב

....

ساس

תבלינים

....

مساله

שמן

....

غوړي

חומץ

....

سرکه

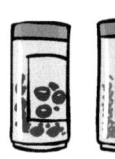

מיונז

....

چکه

חרדל

....

شړشم

קטשופ

....

کچ اپ

סופרמרקט

لوی پلورنځی

מבצע
FOR
לקוח
پیرودونکی
מוצרי חלב
لبنیات
פירות
میوه
עגלת קניות

אטליז

قصابي

מאפייה

نانوایی

שקל

وزن کول

ירקות

سبزيجات

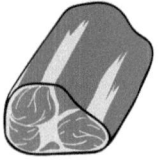

בשר

غوښه

מזון קפוא

کنګل خواړه

אבקת כביסה

د مينځلو پوډر

שימורים

كنسروا خواره

בשר קר

يخه غوښه

חומר ניקוי

د پاکولو محصولات

מוצרי בית

كورني توليدات

ממתקים

شيريني

קופאי

صراف

קופה

د نغدي راجستر

מוכרת

د پلور فرد

ארנק

بټوه

שעות פתיחה

كاري ساعتونه

רשימת קניות

د پيرود ليست

שקית נילון

پلاستيک کڅوړه

תיק

کڅوړه

כרטיס אשראי

كريډيټ كارت

21 لوی پلورنځی - סופרמרקט

שתיות

څښاک

חלב

شیده

מיץ

جوس

מים

اوبه

בירה

بیر

יין

واین

קולה

کوک

תה

چای

קקאו

ککاو

אלכוהול

الکول

קפוצ'ינו

کپچینو

אספרסו

اسپرسو

קפה

کافي

בננה
كيله

תפוח
مڼه

תפוז
نارنج

אבטיח
هندوانه

לימון
لیمو

גזר
گازره

שום
هوږه

במבוק
بانس

בצל
پیاز

פטריות
مرخيړي

אגוזים
چغزی

אטריות
آش

סלט

سلاد

אורז

وریجې

ספגטי

سپيګېټي

פיצה

پيزا

צ'יפס

سره کړي کچالو

צ'יפס

چپس

שניצל

كتره

כריך

سانډويچ

המבורגר

همبرګر

נקניקיה

ساسچ

סלאמי

سلمي

שינקין

د پتون غوښه

דג

کب

טיגון

روسټ

עוף

چرګ

קורנפלקס

....

د جوار پلی

מוזלי

....

موسلي

שיבולת שועל

....

د وربشي شيرني

לחמנייה

....

د ډوډۍ رول

קרואסון

....

کروسانټ

קמח

....

اوړه

עוגיות

....

بسکیټ

טוסט

....

ټوسټ

לחם

....

ډوډۍ

עוגה

....

کیک

גבינה לבנה

....

چکه

חמאה

....

کوچ

גבינה

....

پنير

ביצת עין

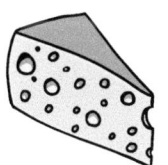

....

پښې هګۍ

ביצה

....

هګۍ

דבש

....

شهد

סוכר

....

بوره

גלידה

....

آیس کریم

קארי

....

کورکمان

ממרח נוגט

....

نوگـات کریم

ריבה

....

مربا

חווה

كرونده

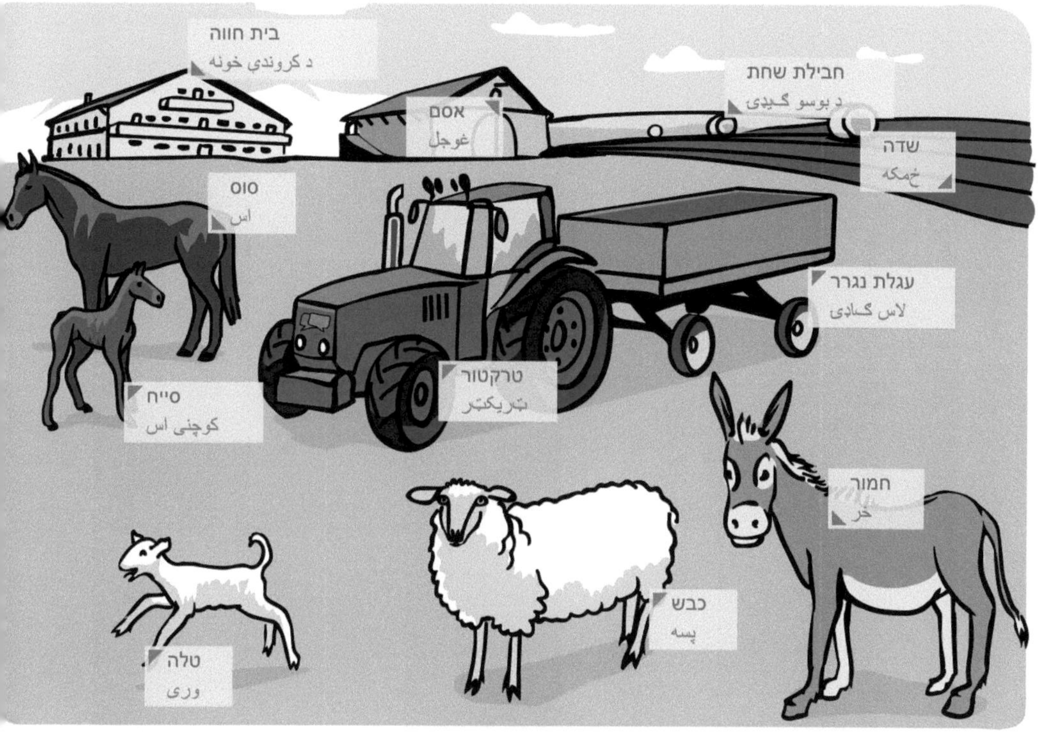

בית חווה
د کروندي خونه
חבילת שחת
د بوسو ګیډی
אסם
غوجل
שדה
ځمکه
סוס
اس
עגלת נגרר
لاس ګاډی
טרקטור
ټریکټر
סייח
کوچنی اس
חמור
خر
כבש
پسه
טלה
وری

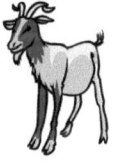

עז

وزه

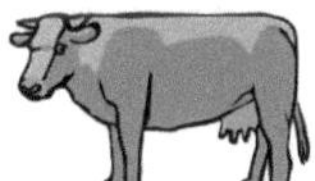

פרה

غوا

עגל

خوسکی

חזיר

خوګ

חזרזיר

د خوګ بچی

שור

غویی

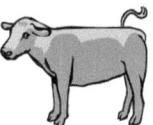

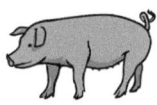

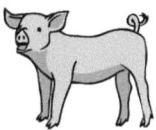

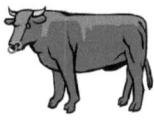

אפרוח

چرگوری

ברווז

هیلۍ

אווז

بته

חולדה

سارای موږک

תרנגול

بانگي

תרנגולת

چرگه

שור

غویی

עכבר

موږک

חתול

پیشک

צינור השקיה

د باغ هوز

מלונה

د سپي خونه

כלב

سپی

מחרשה

یوی

חרמש

لور (داس)

קנקן מים

د اوبو لوخی

קלשון

ښاخی

מגרפה

رمبی

מגל

لور

שוקת

ناوه

מריצה

کراچۍ

גרזן

تبر

גדר

کټاره

שק

جوال

כד חלב

د شیدو لوښی

אדמה

خاوره

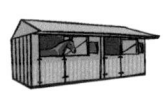

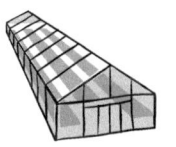

חממה

شنه خونه

אורווה

مضبوط

מקצרה

ګډ ریبونکی ماشین

דשן

سره/کود

זרע

تخم

בטטה אפריקנית

خوږه کچالو

קציר

درمند

קצר

زیرمه کول

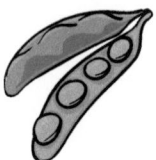

תפוח אדמה

کچالو

סויה

سویا

חיטה

غنم

עץ פירות

د میوې ونه

קנולה

نباتي تخم

תירס

جوار

דגנים

غله

קסבה

مانیوک

בית

کور

ארובה
גג
بام
מרזב
ناودان
חלון
מוסך
פעמון
د دروازې زنګ
דלת
دروازه
פח אשפה
اشغالدانۍ
תיבת מכתבים
د لیک بکس
גינה
باغ

מטבח

پخلنځی

חדר אמבטיה

حمام

סלון

د اوسیدو خونه

חדר אוכל

د خوړو خونه

חדר ילדים

د ماشوم خونه

חדר שינה

د ویده کیدو خونه

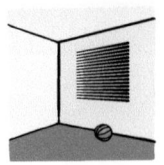

תקרה

چت

קיר

ديوال

רצפה

فرش

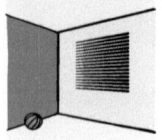

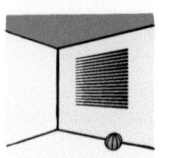

מרפסת

بالکوني

סאונה

سونا

מרתף

زيرخانه

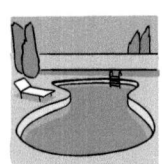

מכסחת דשא

د چمن وهلو ماشين

בריכה

حوض

מרפסת

ټراس

מיטה

تخت

כיסוי מיטה

روجايى

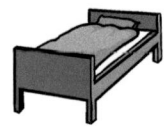

סדין

شيټ

מפסק

سويچ

דלי

بوکه

מטאטא

جارو

סלון
د اوسيدو خونه

טפט
תמונה
عکس
מנורה
لامپ
מדף
شيلف
ארון
الماری
טלוויזיה
تلويزيون
אח
نغری
פרח
כרית
بالښت
ספה
صوفه
אגרטל
گـلدانی
שלט רחוק
ريموټ کنټرول

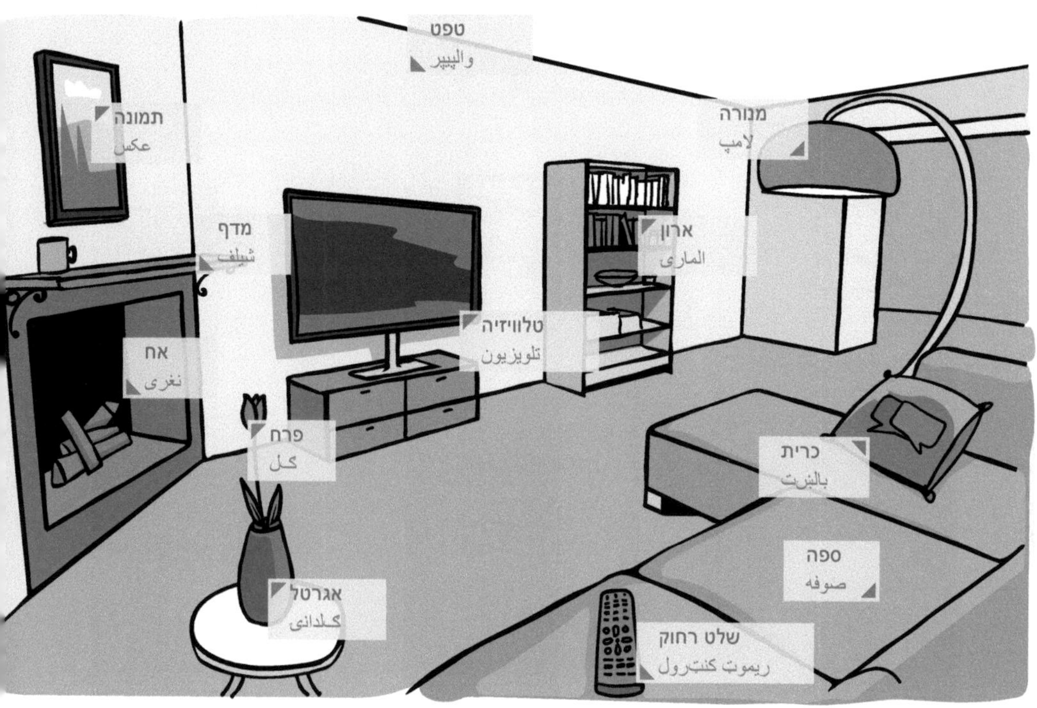

שטיח
غالی

וילון
پرده

שולחן
ميز

כסא
چوکۍ

כיסא נדנדה
تاويدونکي چوکۍ

כורסה
بازو لرونکی چوکۍ

דקורציה

ډیکوریشن

שמיכה

کمپل

ספר

کتاب

מערכת סטריאו

هایفای

סרט

فلم

עצי הסקה

د اور لرګي

ציור

نقاشي

עיתון

ورځپاڼه

מפתח

کلي

מחברת

کتابچه

רדיו

راډیو

פוסטר

پوستر

נר

شمع

קקטוס

کاکتوس

שואב אבק

واکیوم جارو

מטבח
پخلنځی

מקרר
فریج
מיקרוגל
مایکرو ویو اون
טוסטר
חומר ניקוי
مینځونکی
תנור
سټوو
מקפיא
یخچال
פח אשפה
اشغالدانی
מדיח כלים
د لوښو مینځونکی

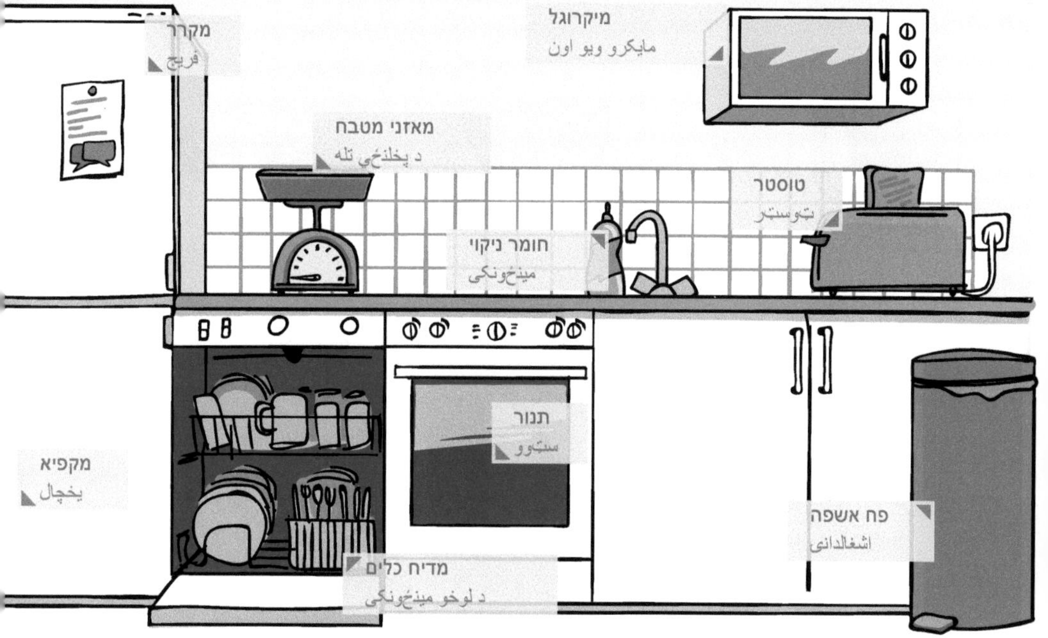

תנור

دیگ بخار

סיר

لوخی

סיר ברזל

چدني لوخی

ווק

ووک

מחבת

د تلي په

קומקום חשמלי

چای جوش

כלי אוכל

....

لوخي

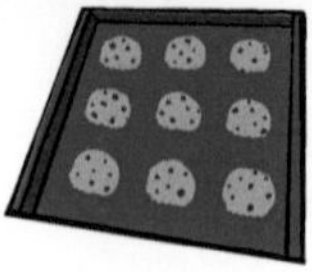

מגש אפייה

....

پتنوس

מאדה

....

د بخار دیګ

צ'ופסטיקס

....

د رانیولو اوزار

קערה

....

کاسه

ספל

....

مګ

מטרפה

....

پاکونکی

מרית

....

کفګیر

מצקת

....

څمڅې

מגרדת

....

ګریټر

מסננת

....

غلبیل

מסננת בישול

....

صافي

מדורה

....

خلاص اور

גריל

....

بار بي کیو

מכתש

....

اونګ

פותחן פקקים

كارك سكريو

מערוך

هوارونكى

קרש חיתוך

تخته

מטלית

د لوخي ټوټه

פותחן קופסאות

د ټيم خلاصونكى

פחית

ټيم

ספוג

سپنج

מברשת

برس

כיור

ظرف شوى

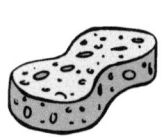

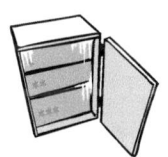

בקבוק לתינוק

د ماشوم بوتل

מקפיא

ژور يخچال

בלנדר

بلينډر

ברז

نل

חדר אמבטיה

حمام

מקלחת
شاور
חימום
تودول
מגבת
جان پاک
וילון מקלחת
د شاور پرده
אמבטיית קצף
אמבטיה
د حمام ټب
כוס
מכונת כביסה
د مینځلو مشین
ברז
نل
אריחים
ټایلونه
סיר לילה
یو ډول کمود
כיור
ظرف شوی

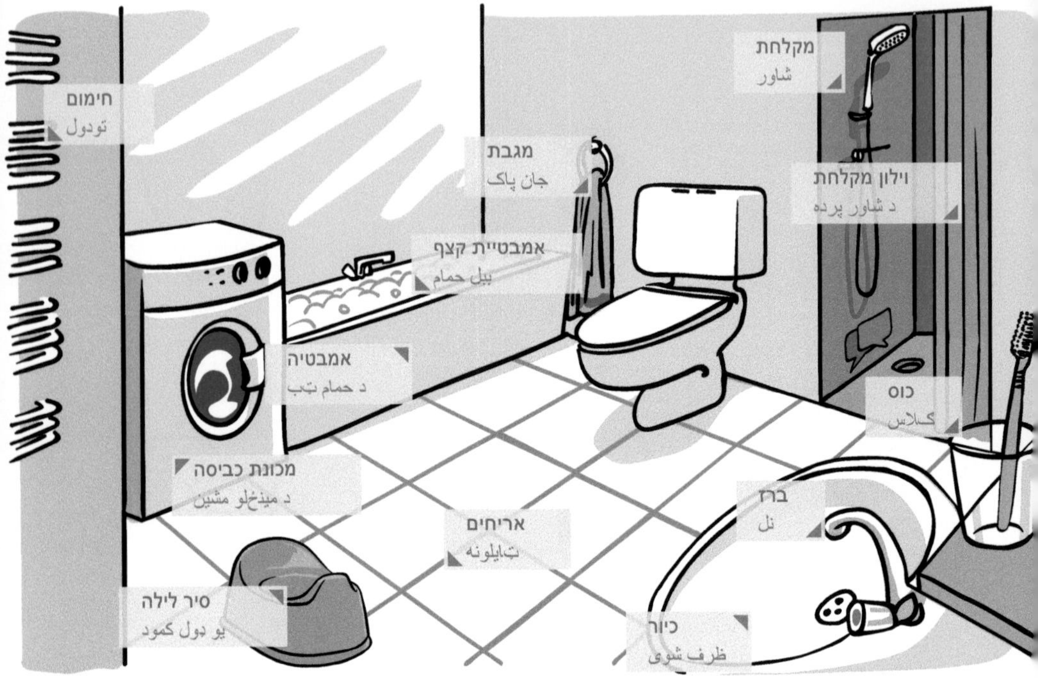

אסלה

تشناب

אסלת כריעה

فرشي کمود

בידה

کمود

משתנה

د متیازو ځای

נייר טואלט

تشناب کاغذ

מברשת אסלה

د تشناب برس

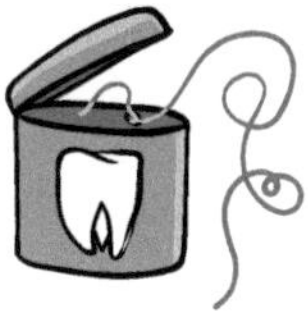

חוט דנטלי
د غاښونو نخ

משחת שיניים
د غاښونو کريم

מברשת שיניים
د غاښونو برس

צינור שטיפה לשירותים
دوش

מקלחת יד
لاسي شاور

שטף
مینځل

סבון
صابون

מברשת גב
د شا برس

קערת רחצה
خانک

ליפה
فلانل جامه

שמפו
شامپو

ג'ל רחצה
د شاور ژل

דיאודורנט
سپرۍ

קרם
کريم

ניקוז
وچول

סכין גילוח

ریزر

מראת יד

لاسي آینه

מראה

آینه

מסרק

گمنځ

אפטרשייב

د خریلو وروسته

קצף גילוח

د خریلو فوم

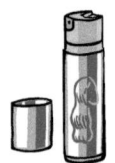

ספריי לשיער

د ویښتانو سپری

מייבש שיער

د ویښتانو وچونکی

מברשת

برس

לק

د نوکانو پالش

שפתון

لیپ سټیک

איפור

میک اپ

בושם

عطر

מספריים לציפורניים

ناخن گیر

צמר גפן

کاټن وړی

משקל

....

د وزن کولو تله

שרפרף

....

سټول

תיק כלי רחצה

....

د مینځلو کڅوړه

טמפון

....

ټامپون

כפפות גומי

....

د ربړ دستکش

חלוק רחצה

....

د حمام پوښاک

שירותים כימיקליים

....

کیمیکل تشناب

תחבושת סניטרית

....

صحيي جان پاک

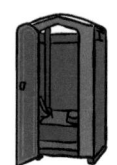

חדר ילדים

د ماشوم خونه

د الارم ساعت
צעצוע חיבוק
د لوبو وسایل
מכונית צעצוע
د نانځکي موټر
רעשן
ريتل
בית בובות
מתנה
ډالۍ

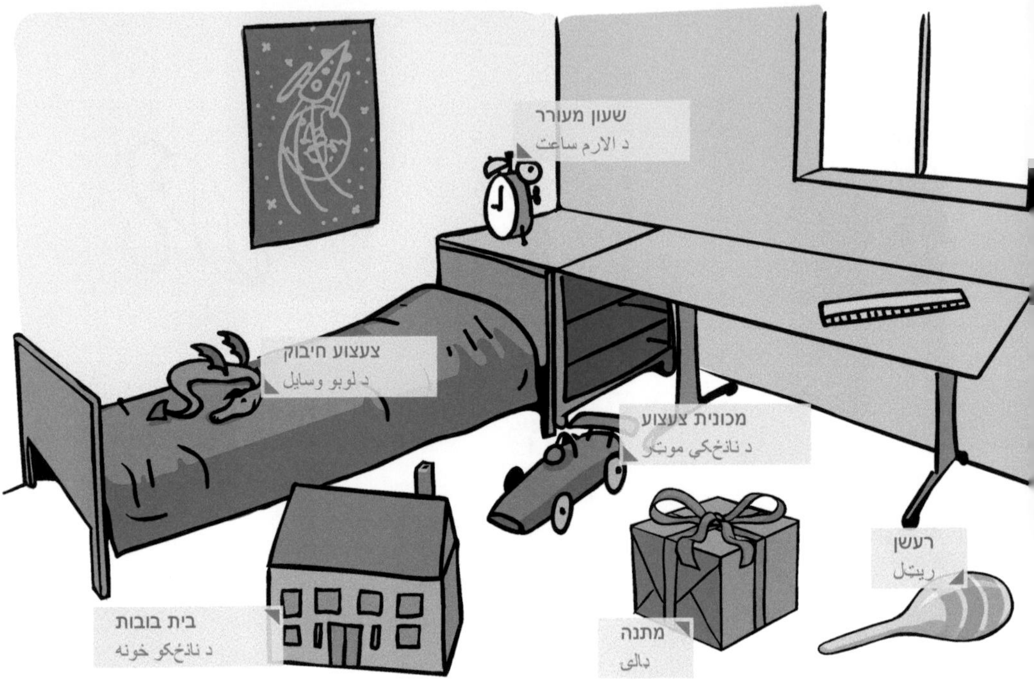

בלון

بالون

מיטה

تخت

עגלה

کالسکه

משחק קלפים

د لوبو ورقې

פאזל

جيګسا

קומיקס

مسخره

דמות משחק

د اکشن فیګور

קוביות משחק

د ناڅکو بلاک

לגו

لیګو بریک

נייד

موبایل

פריזבי

فریزبي

סרבל תינוקות

د ماشوم پوښاک

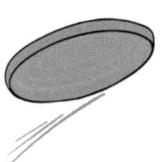

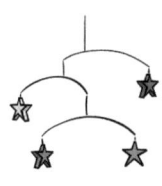

רכבת צעצוע

ماډل ریل سیټ

קוביה

تاس

משחק לוח

بورډ لوبه

אלבום תמונות

د عکسونو البوم

מסיבה

پارټي

מוצץ

ګونګشی

שיחק

لوبیدل

בובה

ناڅکه

כדור

بال

צעצועים

נانځکي

נדנדה

سوینګ

ארגז חול

د شګو کنده

דובון

ګوډکه

אופניים תלת גלגלי

ټرای سایکل

קונסולת משחקים

د ویډیو لوبو کنسول

ארון בגדים

د کالو الماری

בגדים

پوښاک

גרביון

ټایټس

גרביונים

لوړې جرابې

גרביים

جرابې

צעיף
زروی

חגורה
كمربند

מטריה
چترى

חולצת טי
تي شرت

נעלי ספורט
سنيكر

מגפיים
بوتان

נעלי בית
سليپر

סנדלים
....
سيندل

נעליים
....
بوتان

מגפי גומי
....
د ربر بوتان

תחתונים
....
زيرنيکري

חזייה
....
سينه بند

וסט
....
واسكت

ג'ינס

جینز

מכנסיים

پتلون

גוף

باډي

חולצה

شرټ

חולצה מכופתרת

بلاوز

חצאית

لمن

בלייזר

بلیزر

סווצ'ר עם קפוצ'ון

سویټر

אפודה

بنیان

מעיל גשם

د باران کوټ

מעיל

کوټ

ז'קט

جاکټ

שמלת כלה

د واده پوښاک

שמלה

کالي

תלבושת

پوښاک

פיג'מה

....

پاجامه

כותונת לילה

....

د شپې پوښاک

חליפה

....

دريشي

טורבן

....

پټکی

מטפחת ראש

....

لوپټه

סארי

....

ساړي

עבאיה

....

عبا

קאפטן

....

کفتن

בורקה

....

برقه

מכנסיים קצרים

....

شارټ

בגד ים

....

نیکر

בגד ים

....

د لامبو پوښاک

כפפות

....

دستکش

סינר

....

پيش بند

בגד אימון

....

د ځغاستې پوښاک

צמיד יד

لاس بند

משקפיים

عینک

כפתור

بټن

עגיל

غوږوالۍ

טבעת

ګوتمه

שרשרת

غاړه کۍ

כובע

خولۍ

קולב

کوټ بند

כובע

خولۍ

קסדה

هیلمټ

רוכסן

ځنځیر

עניבה

ټایی

מדים

یونیفارم

תלבושת בית ספר

د ښوونځي یونیفارم

כתפיות

ترونکی

מפית אוכל

بیب

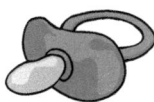

מוצץ

ګونګشی

חיתול

نيپي

משרד

دفتر

שרת
سرور
תיקייה
د دوسیه الماری
מדפסת
پرینټر
נייר
ورق
מסך
עכבר
ماوس
שולחן עבודה
ډیسک
תיק
מקלדת
کي بورډ
סל נייר
اشغالدانی
מחשב
کمپیوټر
כסא
چوکی

ספל קפה

د کافي پیاله

מחשבון

کالکولیټر

אינטרנט

انټرنیټ

دفتر - משרד

49

הודעה

....

پیغام

מכתב

....

لیک

מחשב נייד

....

لپ ټاپ

מכונת צילום

....

فوټوکاپیر

רשת

....

نیټورک

נייד

....

موبایل

שקע

....

پلک ساکټ

טלפון

....

تلیفون

תוכנה

....

سافټویر

מסמך

....

سند

טופס

....

فارم

פקס

....

فکس مشین

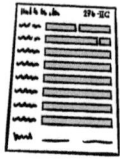

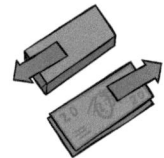

כלכלה

اقتصاد

סחר

سوداګري کول

שילם

تادیه کول

קנה

پیرل

יורו

یورو

דולר

ډالر

כסף

پیسې

פרנק שווייצרי

سویسي فرانک

רובל

ربل

ין

ین

כספומט

د نغدي پیسو ځای

רופי

روپۍ

יואן רנמינבי

رینمینبي یوان

כסף

سپين زر

זהב

سره زر

המרת מטבע

د اسعارو د تبادلي دفتر

מחיר

نرخ

אנרגיה

انرژي

נפט

تيل

מנייה

اسهام

מס

ماليه

חוזה

قرارداد

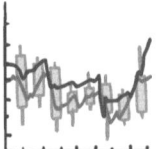

מעסיק

کار گومارونکی

עובד

کارمند

עבד

کار کول

חנות

پلورنځی

מפעל

فابريکه

מקצועות

مسلکونه

שוטר
د پولیسو افسر
כבאי
د اطفایه غړی
טבח
آشپز
רופא
ډاکټر
پیلوټ

גנן
باغوان

נגר
نجار

תופרת
خیاط

שופט
قاضي

כימאי
کیمیا پوه

שחקן
د فلم لوبغاړی

דייג

کب نیونکی

נהג מונית

د ټیکسي ډرایور

נהג אוטובוס

د بس ډرایور

מלצר

پیشخدمت

מתקן גגות

بام جوړونکی

עובדת נקיון

خدمه

אופה

نانوا

צייר

نقاش

צייד

ښکاري

מהנדס

انجنیر

עובד בניין

تعمیر جوړونکی

חשמלאי

د برښنا کارکونکی

דוור

پوست رسونکی

אינסטלטור

نلدوان

קצב

قصاب

חייל

سرتيرى

אדריכל

مهندس

קופאי

صراف

מוכר פרחים

مالیار

ספר

نایی

כרטיסן

كليندر

מכונאי

ميكانيك

קברניט

كپتان

רופא שיניים

د غاښونو ډاكتر

מדען

ساينس پوه

רב

ښاغلى

אימאם

امام

נזיר

مذهبي نفر

כומר

پادري

כלי עבודה

لوازم

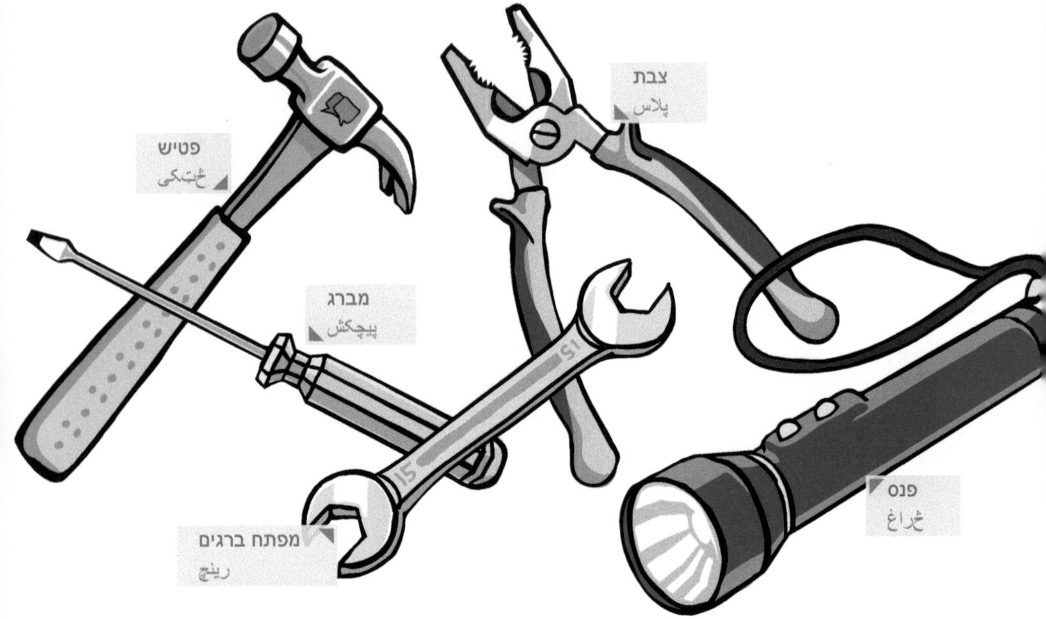
צבת
پلاس
פטיש
څټکی
מברג
پیچکش
מפתח ברגים
رینچ
פנס
څراغ

סולם

زینه

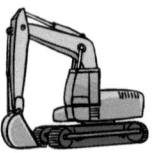

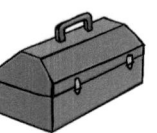

ארגז כלים

د لوازمو بکس

דחפור

کنستونکی

מקדחה

برمه

מסמרים

میخونه

מסור

اره

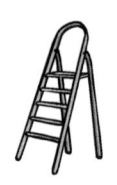

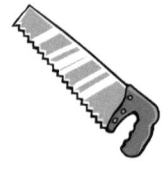

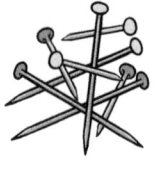

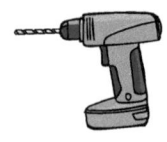

לעזאזל!

لعنت!

את חפירה

بيل

תיקן

ترميم کول

ברגים

پيچونه

פח צבע

مشوانۍ

יעה

خاک انداز

כלי נגינה

د میوزیک آلات

רמקול
لاوډ سپيکر
מערכת תופים
ډرم سيټ
גיטרה
ګيتار
קונטראבס
کنټرباس
חצוצרה
ټرومپيټ

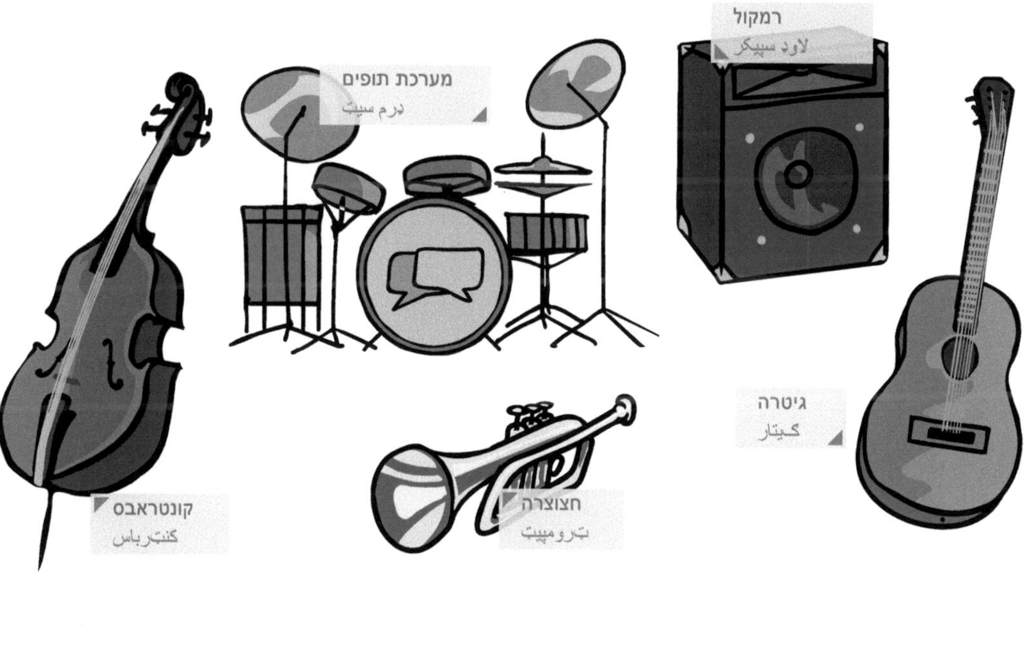

בס

....

باس

כינור

....

وایلن

פסנתר

....

پیانو

מקלדת פסנתר

....

کي بورډ

תופים

....

ډرمونه

תוף הדוד

....

نغاره

מיקרופון

....

مایکروفون

חליל

....

شپیلۍ

סקסופון

....

سیکسافون

גן חיות

ژوبڼ

כניסה
ننوتو لاره
כלוב
پنجره
זברה
ګوره خر
מזון לחיות
د ژويو خواړه
פנדה

קנגרו

کنګرو

פיל

هاتي

בעלי חיים

ژوی

דוב

ايږه

גורילה

ګوريلا

קרנף

د اوبو اسپ

אריה

زمری

יען

شترمرغ

גמל

اوښ

תוכי

طوطي

פלמינגו

غزی

קוף

بيزو

כריש

شارک

פינגווין

پينګوين

דוב הקרח

قطبي ايږه

תנין

تمساح

נחש

مار

טווס

طاوس

יגואר

جګوار

כלב ים

سيل

שומר גן החיות

ژوبڼ ساتونکی

היפופוטאם

....

هیپو

לאופרד

....

پڕانگ

סוס פוני

....

یابو

חזיר בר

....

نرخوگ

נשר

....

باز

ג'ירפה

....

زرافه

סוס ים

....

سمندري نولی

צב

....

شمشتی

דג

....

کب

איילה

....

هوسی

שועל

....

گیدڕه

ספורט

ورزش

פוטבול אמריקאי
امریکایی فټبال
רכיבת אופניים
سایکل ځغلول
טניס
ټینیس
כדורסל
باسکیټبال
שחיה
لامبو
אגרוף
باکسینګ
הוקי
د کنګل هاکي

כדורגל

فټبال

בדמינטון

کسیزه

אתלטיקה

د ځغاستې لوبې

כדור-יד

د هندبال

עשה סקי

سکي

פולו

پولو

צחק
خندل
קפץ
ټوپ وهل
חיבק
غاړه ورکول
הלך
שר
سندرې ویل
חלם
خوب لیدل
התפלל
عبادت کول
נשק
مچو کول

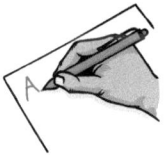

הראה

ښودل

צייר

کښل

כתב

لیکل

לקח

اخیستل

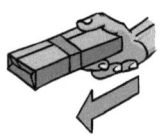

נתן

ورکول

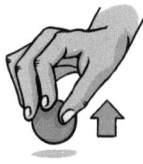

דחף

ټېله کول

היה

پاییدل

עשה

کول

יש / להיות הבעלים

درلودل

משך

راکښل

רץ

منډې وهل

עמד

ودرېدل

שכב

څملاستل

נפל

لوېدل

זרק

ګوزارل

ישב

کښېناستل

סחב

وړل

חיכה

انتظار کول

התעורר

پاڅېدل

ישן

ویده کېدل

התלבש

پوښاک اغوستل

ליטף

برید کول

בכה

ژړل

הסתכל ב-

کتل

הבין

پوهيدل

דיבר

خبرې کول

סירק

ګمنځ کول

שתה

څښل

שמע

اوريدل

שאל

غوښتل

אהב

مينه کول

סידר

پاکول

אכל

خوړل

עף

الوتل

נהג

موټر چلول

בישל

پخلی کول

שט

بیری چلول

חישב

حساب

קרא

لوستل

למד

زده کول

עבד

کار کول

התחתן

واده کول

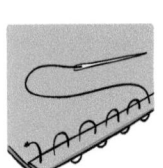

תפר

ګنډل

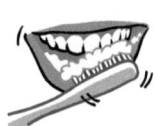

ציחצח שיניים

د غابښونو برس کول

הרג

وژل

עישן

سګرټ څخل

שלח

لیږل

משפחה

کوردی

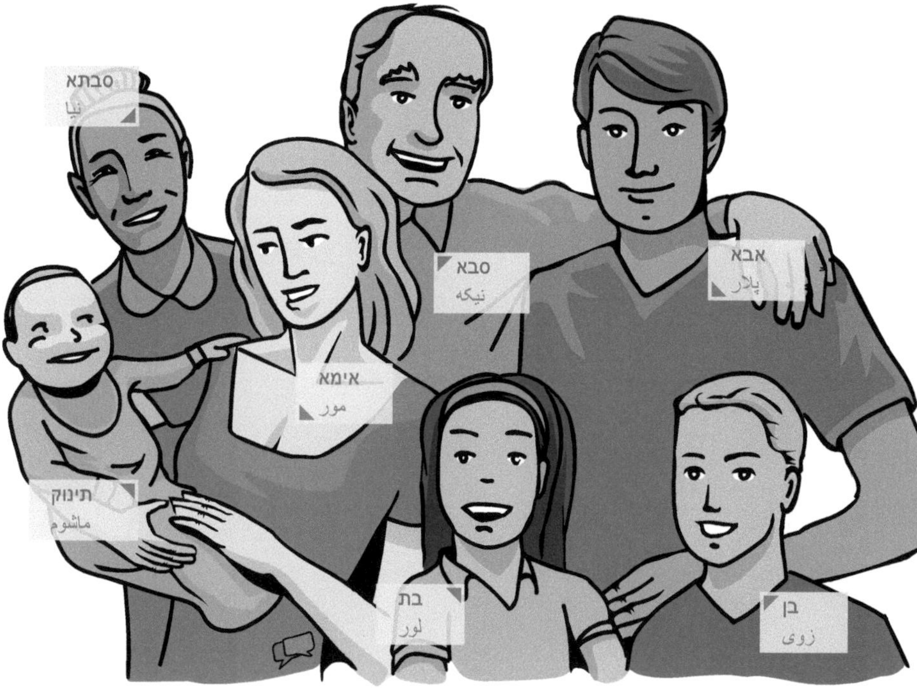

סבתא
نیا
סבא
نیکه
אבא
پلار
אימא
مور
תינוק
ماشوم
בת
لور
בן
زوی

אורח

میلمه

דודה

ترور

דוד

کاکا/ماما

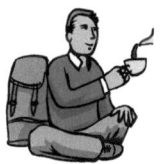

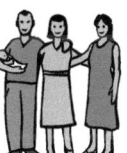

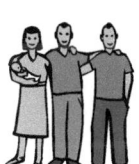

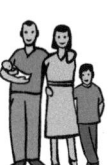

אח

ورور

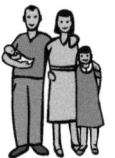

אחות

خور

מצח
تندی
עין
פנים
مخ
סנטר
زنه
חזה
سینه
אצבע
ګوته
כף יד
لاس
זרוע
مټ
כתף
اوږه
רגל
پښه

אישה

ښځه

איש

سړی

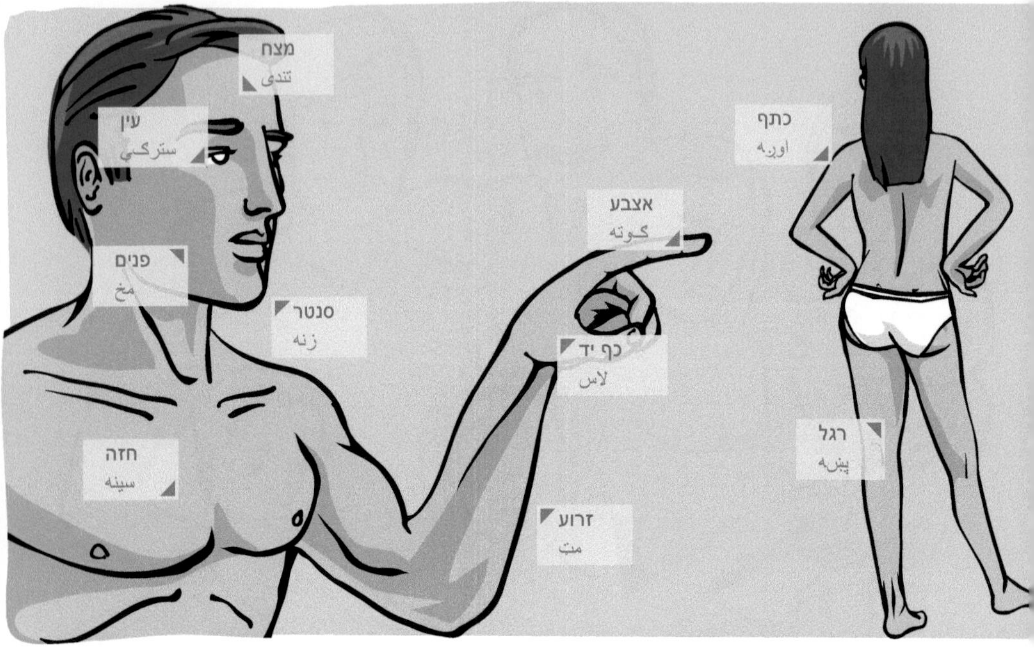

תינוק

ماشوم

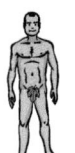

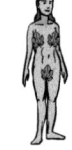

ראש

سر

ילד

هلک

ילדה

انجلۍ

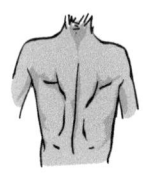

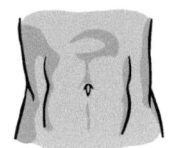

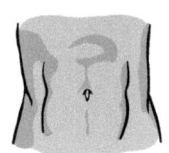

טבור

نوم

בטן

خېټه

גב

شا

עצם

هډوکی

עקב

پونده

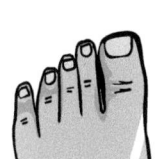

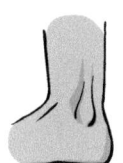

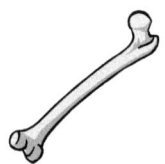

אצבע

د پښې ګوته

מרפק

څنګل

ברך

زنګون

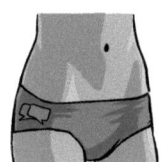

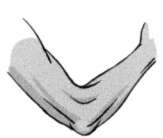

ירך

کوناټی

עור

پوټکی

עכוז

لاندې برخه

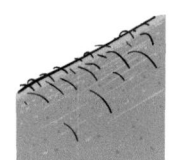

אף

پوزه

שפתיים

شونډه

אוזן

غوږ

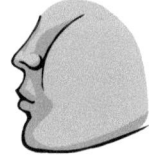

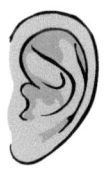

לחי

غومبوری

לשון

ژبه

שן

غاښ

פה

خوله

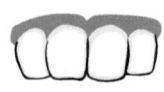

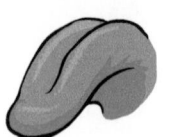

שריר

عضله

לב

زړه

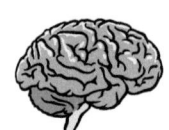

מוח

مغز

קיבה

معده

כבד

ځیګر

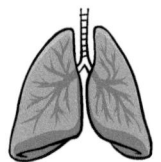

ריאה

سږی

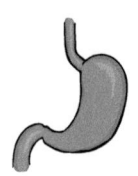

קונדום

کانډوم

מין

جنسي نږدې والی

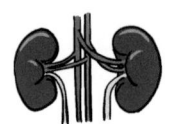

כליות

پښتورګي

הריון

حمل

זרע

مني

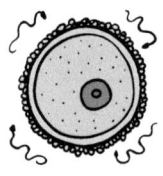

ביצית

تخمه

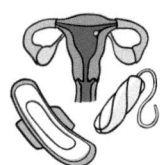

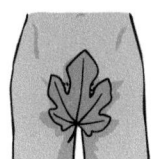

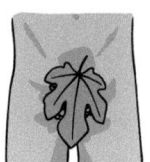

פין

د نارينه تناسلي آله

נרתיק

مهبل

ווסת

حيض

צוואר

غاړه

שיער

ويښته

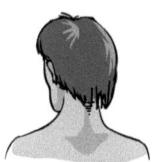

גבה

وروځې

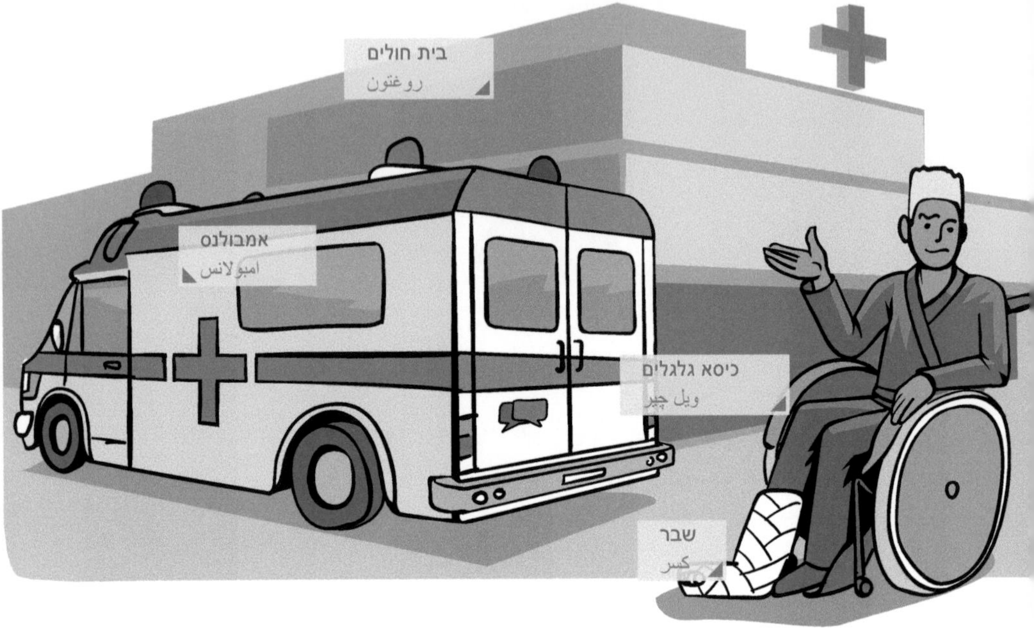

בית חולים
روغتون

אמבולנס
امبولانس
כיסא גלגלים
ويل چير
שבר
كسر

חדר מיון

عاجل خونه

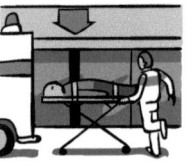

אחות

رنځورپال

רופא

ډاکټر

כאב

درد

חסר הכרה

بي هوش

חירום

عاجل

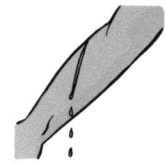

התקף לב

د زړه حمله

דימום

وینه تویدل

פציעה

ټپ

שיעול

ټوخی

אלרגיה

حساسیت

שבץ

ضرب

שלשול

نس ناستی

שפעת

انفلوینزا

חום

تبه

סוכרת

شکر

סרטן

سرطان

כאב ראש

سر درد

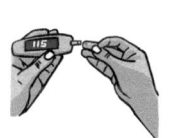

ניתוח

عملیات

אזמל

سکالپل

מנתח

جراح

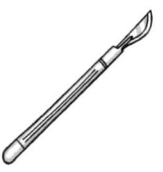

روغتون - בית חולים

אולטרסאונד

الټراساونډ

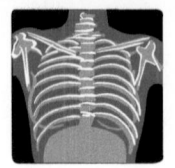

רנטגן

ایکس ری

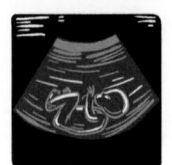

סי-טי

سيټي

חדר המתנה

انتظار خونه

מחלה

ناروغي

מסיכת פנים

د مخ ماسک

תחבושת

بنداژ

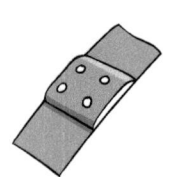

פלסטר

پلستر

קבה

امسا

אלונקה

تسکيره

סטטוסקופ

ستاتسکوپ

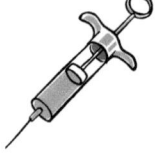

זריקה

تزريق

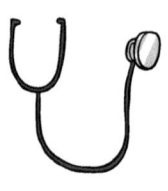

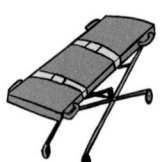

עודף משקל

زيات وزن

לידה

زيږون

מד חום

کلينکي ترماميټر

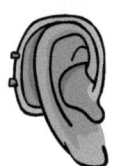

זיהום

عفونيت

מחטא

د عفونيت ځخه پاكونكي مواد

מכשיר שמיעה

د اوريدو مرسته

תרופה

درمل

איידס

ايچ.آی.وی/ايډز

נגיף

ويروس

גלולה

كولى

טבליות

ټابليټس

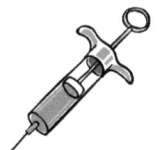

חיסון

واكسين

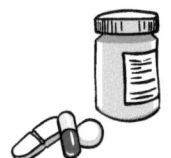

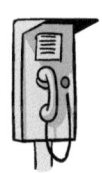

חולה / בריא

ناروغ/روغ

מד לחץ דם

دويني د فشار څارونكى

קריאת חירום

عاجل تليفون

הצילו!	אזעקה	פשיטה
مرسته!	الارم	يرغل

תקיפה	סכנה	יציאת חירום
بريد	خطر	عاجل لاره

אש!	מטף כיבוי	תאונה
اور!	د اور وژونکی	پیښه

ערכת עזרה ראשונה	הצילו!	משטרה
د لومړى مرستي لوازم	ايس.او.ايس	پوليس

כדור הארץ

ځمکه

דרום אמריקה

سهيلي امريکا

צפון אמריקה

شمالي امريکا

אירופה

اروپا

אוסטרליה

آسټریلیا

אסיה

آسيا

אפריקה

افريقا

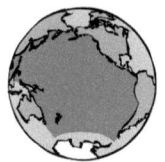

האוקיינוס ההודי

د هند بحر

האוקיינוס השקט

پاسيفيک

האוקיינוס האטלנטי

اتلانتيک

הקוטב הצפוני

شمالي قطب

האוקיינוס הארקטי

د شمال قطب بحر

האוקיינוס האנטרקטי

جنوبي منجمد بحر

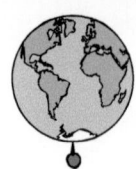

כדור הארץ

....

ځمکه

אנטארקטיקה

....

انټارکټیکا

הקוטב הדרומי

....

سهيلي قطب

אי

....

ټاپو

ים

....

بحر

אדמה

....

ځمکه

מדינה

....

دولت

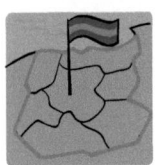

לאום

....

ملت

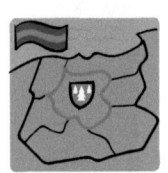

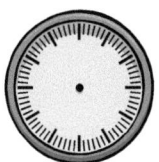

שעון
ساعت

מחוג הדקות

د دقيقي ستنه

מחוג השעות

د ساعت ستنه

פני השעון

د مخي ساعت

יום

ورځ

מה השעה?

څه وخت دی؟

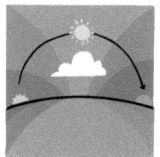

מחוג השניות

د ثانيي ستنه

שעון דיגיטלי

ډیجیټل ساعت

עכשיו

اوس

זמן

وخت

שעה

ساعت

דקה

دقيقه

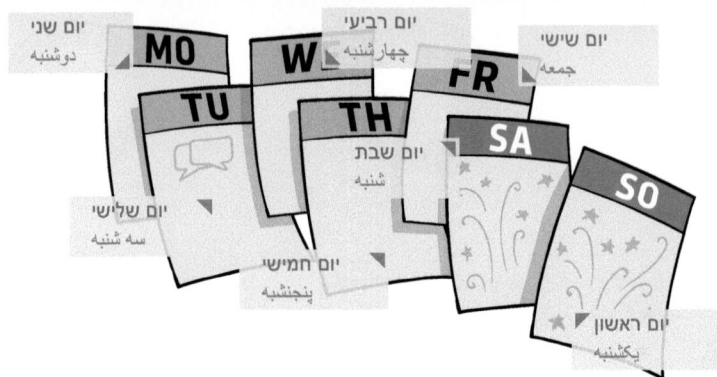

שבוע

اونۍ

אתמול

پرون

היום

نن

מחר

سبا

בוקר

سهار

צהריים

غرمه

ערב

ماښام

ימי עבודה

کاري ورځې

סוף שבוע

د اونۍ پای

קשת בענן
رنګين کمان
גשם
باران
שלג
واوره
רוח
باد
אביב
پسرلی
סתיו
منی
קיץ
חורף
ژمی

אור שמש

د لمر وړانګې

מד חום

ترموميټر

תחזית מזג האוויר

د موسم وړاندوينه

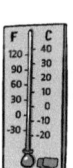

לחות

رطوبت

ערפל

لړه

ענן

وريځ

סערה

توفان

רעם

تندر

ברק

رڼا

שיטפון

سیلاب

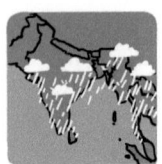

רוח עונתי

مون سون باران

ברד

ږلی وریدل

פברואר

فبروري

ינואר

جنوري

קרח

یخ

מאי

مئ

אפריל

اپریل

מרץ

مارچ

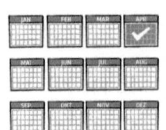

אוגוסט

اګست

יולי

جولای

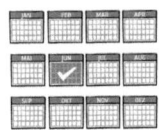

יוני

جون

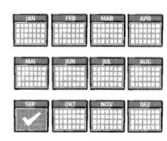

נובמבר

نومبر

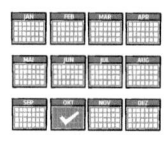

אוקטובר

اکتوبر

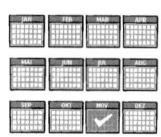

ספטמבר

سپتمبر

דצמבר

دسمبر

צורות

شکلونه

מלבן

مستطیل

מרובע

مربع

עיגול

دایره

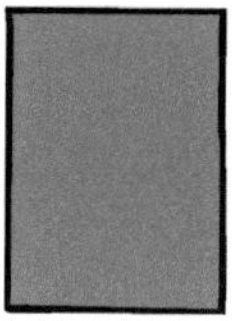

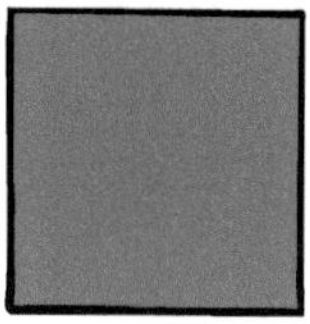

קובייה

فال

כדור

توپ

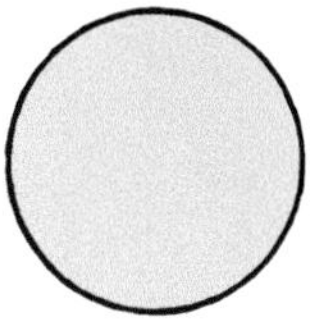

משולש

مثلث

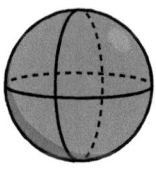

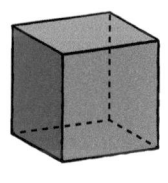

צבעים
رنگونه

כתום

نارنجي

צהוב

ژیر

לבן

سپین

סגול

ارغواني

אדום

سور

ורוד

گلابي

חום

نسواري

ירוק

شین

כחול

نیلي

שחור

تور

אפור

خړ

הפכים

متضاد

יפה / מכוער

ښکلی/بدشکله

כועס / רגוע

قار/ارام

הרבה / מעט

خورا ډیر/خورا لږ

בהיר / כהה

روښانه/تیاره

גדול / קטן

لوی/کوچنی

התחלה / סוף

پیل/پای

שלם / חלקי

مکمل/نامکمل

נקי / מלוכלך

پاک/ککړ

אח / אחות

ورور/خور

רחב / צר

پراخه/نری

מת / חי

مړ/ژوندی

יום /לילה

ورځ/شپه

מתרגש / משועמם

پاریدلی/بې خونده

רשע / טוב לב

بد/مهربان

אכיל / לא אכיל

د خوراک وړ/نه خوړل کېدونکی

חבר / אויב

ملګری/دښمن

ראשון / אחרון

لومړی/وروستی

שמן / רזה

چاق/وچ

כבד / קל

دروند/سپک

קשה / רך

سخت/نرم

מלא / ריק

ډک/تش

בלתי-חוקי / חוקי

غیرقانوني/قانوني

חולה / בריא

ناروغ/روغ

רעב / צמא

لوږه/تنده

קרוב / רחוק

نږدې/لرې

שמאל / ימין

کین/ښي

נבון / טיפש

هوښیار/ساده

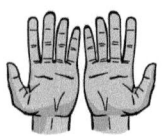

זקן / צעיר

....

بډا/ځوان

כלום / משהו

....

هیڅ/یوڅه

חדש / משומש

....

نوی/زوړ

שקט / רועש

....

غلی/لوړ غږ

פתוח / סגור

....

خلاصه/تړلی

פעיל / כבוי

....

چالانه/بند

מחוספס / חלק

....

زیږ/ملایم

נכון / שגוי

....

صحیح/غلط

עשיר / עני

....

بډایه/غریب

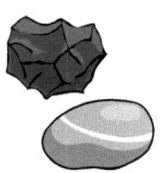

איטי / מהיר

....

سست/ګړندی

קצר / ארוך

....

لنډ/اوږد

עצוב / שמח

....

خفه/خوښ

מלחמה / שלום

....

جګړه/سوله

חם / קר

....

ګرم/یخ

רטוב / יבש

....

لوند/وچ

מספרים

شميرې

0

אפס

صفر

1

אחת

يو

2

שתיים

دوه

3

שלוש

درې

4

ארבע

څلور

5

חמש

پنځه

6

שש

شپږ

7

שבע

اوه

8

שמונה

اته

9

תשע

نهه

10

עשר

لس

11

אחת-עשרה

يولس

12

שתים-עשרה

دولس

13

שלוש-עשרה

ديارلس

14

ארבע-עשרה

څوارلس

15

חמש-עשרה

پنځلس

16

שש-עשרה

شپاړس

17

שבע-עשרה

وولس

18

שמונה-עשרה

اتلس

19

תשע-עשרה

نولس

20

עשרים

شل

100

מאה

سل

1.000

אלף

زر

1.000.000

מיליון

ميليون

שפות

ژبې

סינית מנדרינית

....

چینایی مندرین

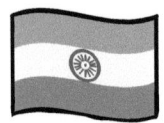

אנגלית אמריקאית

....

امریکایی انګلسي

אנגלית

....

انګلسي

צרפתית

....

فرانسوي

ספרדית

....

هسپانوي

הודית

....

هندي

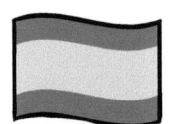

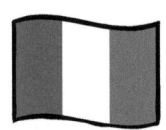

פורטוגזית

....

پرتګالي

רוסית

....

روسي

ערבית

....

عربي

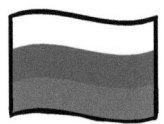

יפנית

....

جاپاني

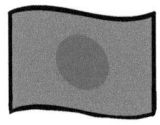

גרמנית

....

آلماني

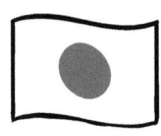

בנגלית

....

بنګالي

מי / מה / איך
څوک/څه/څنګه

אני

زه

אתה / את

ته

הוא / היא / זה

هغه/دغه/دا

אנחנו

موږ

אתם

تاسي

הם

دوی/هغوی

מי?

څوک؟

מה?

څه؟

איך?

څنګه؟

איפה?

چيرې؟

מתי?

کله؟

שם

نوم

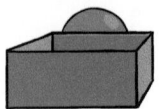

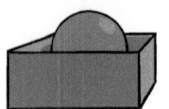

איפה

چیرې

לפני

په مخه کې

בתוך

په

מאחור

شاته

מתחת

لاندي

על

په

מעל

باندي

מקום

ځای

בין

ترمينځ

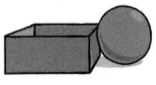

ליד

برسيره پر

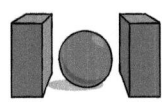

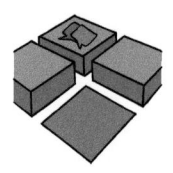